소중한

___________에게

드립니다!

흔들려도 나를 믿는 연습

흔들려도 나를 믿는 연습

일러두기

- 이 책은 1841년에 에머슨이 집필한 첫 번째 에세이 시리즈 중 〈자기 신뢰〉와 〈사랑〉 등을 각색하여 담았습니다.
- 이 책에 실린 명화는 모두 클로드 모네의 작품입니다.

흔들려도 나를 믿는 연습

이너북
INNERBOOK

스스로를 믿어야 성공합니다!

에머슨의 《자기 신뢰》를 읽고 따라 쓰는 이유는, 자신의 내면을 믿고 행동할 때 비로소 스스로 삶을 주도할 수 있기 때문입니다. 현대 사회는 SNS를 통해 비교하는 문화와 성공 공식에 대한 과도한 집착 등으로 인해 개인이 스스로 내린 판단을 신뢰하기 어렵게 변했습니다. 남의 평가나 기준에 휘둘리다 보면 자신만의 잠재력과 창의성을 발견할 기회를 놓칠 수밖에 없습니다.

"다른 사람을 따라 하는 것은 자기 자신을 죽이는 것과 같다."

에머슨의 이 한 문장은 오늘날 경쟁과 비교 속에서 흔들리는 젊은이들에게 강력한 경고이자 위로가 됩니다.

《바라는 대로 이루어지는 부의 법칙》에서 제임스 앨런 또한 《자기 신뢰》를 반드시 읽으라고 여러 차례 권유했습니다. 자신의 내면의 힘을 믿는 사람만이 삶의 주인이 될 수 있다고 보았습니다. 또한 자기 생각을 존중하고 세상 밖으로 표현할 때, 희망과 창의성이 찾아온다고 말했습니다. 현대 사회에서 창업, 예술, 연구 등 다양한 분야에서 자신의 아이디어와 역량을 세상에 내놓는 것은 더 이상 선택이 아니라 필수입니다.

스티브 잡스는 "다른 사람의 의견에 귀를 기울이기보다, 자신의 직감을 믿으라"고 했습니다. 이는 에머슨이 말한 자기 신뢰와 같은 의미이기도 합니다. 마야 안젤루도 "자신을 믿는 순간, 모든 문은 열리기 시작한다"라고 했습니다. 결국 자기 신뢰는 행동과 성취를 가능하게 하는 근본적 힘입니다.

에머슨과 앨런이 강조한 자기 신뢰는 단순한 자기 확신이 아닙니다. 그것은 내면의 진실을 따르고, 책임감 있게 행동하며, 외부 평가에 흔들리지 않는 삶의 태도를 의미합니다.

이 책을 발견한 당신이 스스로를 발견하고, 자신의 삶을 능동적으로 설계하며, 불확실한 시대에도 흔들리지 않는 내적 기준을 갖기를 바라는 마음에 이 책을 썼습니다.

지금, 이 시간 당신 내면의 빛을 믿길 바랍니다.

그것이 바로 성공과 행복의 시작입니다!

지선

"다른 사람의 목소리에 귀 기울이지 말고,
자기 안의 진리를 따르라."

— 헨리 데이비드 소로

자기 신뢰

부러움은 무지의 그림자다

다른 사람을 따라 하는 행위는 자기 자신을 죽이는 것과 같다.
스스로 믿는 길을 걷는 것이 곧 자유다.
자신의 생각을 믿어야 한다.

마음속 깊은 곳에서 깊이 느끼는 진실을 세상 밖으로 드러내라.
그 한 줄기 빛이 바로 창조의 씨앗이다.
사람들은 자신에게서 나온 생각을 쉽게 무시하지만,
당신 안의 빛은 그 무엇보다 소중하다.

위대한 작품 속에서 그동안 거부했던 자기 생각을 발견한다.
낯설지만 장엄하게, 그 생각은 결국 당신에게 돌아온다.
다른 목소리가 반대할지라도 자기 마음의 느낌을 굳건히 믿어라.

남의 평가가 당신을 지배하게 두지 마라.
주어진 환경을 스스로의 손으로 바꾸지 않으면
결실도 얻을 수 없다.
사람의 마음에 깃든 힘은 새롭고, 직접 행동할 때
비로소 그 능력을 알게 된다.

스스로의 생각을 부끄러워하지 마라.

진정한 창조는 부끄러움 너머에서 시작된다.

최선을 다하고 온 정성을 기울일 때

비로소 즐거움과 위로가 찾아온다.

정성 없는 노력에는 성과도 없다.

자기 안의 진리와 빛을 믿고 표현할 때,

희망과 창의성이 찾아온다.

오늘, 당신의 마음속 빛을 한 줄이라도 세상에 드러내어라.

스스로를 믿어라

스스로를 믿어야 한다.

모든 사람의 마음은 이 철칙에 따라 움직여야 한다.

신이 마련한 당신의 자리, 동시대를 살아가는 사람들과의 어울림,

그리고 사건과 사건이 엮이는 놀라운 연결을 받아들이자.

위대한 사람들은 언제나 그렇게 해왔다.

그들은 시대의 위대한 정신에 자신을 어린아이처럼 내맡겼다.

가슴 깊숙한 곳에 자리 잡은 믿음은

그들의 손과 온 존재를 통해 세상을 움직였다.

당신은 이제 어른이다.

가장 고결한 마음속에서 동일한 초월적 운명을 받아들여야 한다.

우리는 미성년도, 환자도, 비겁자도 아니다.

전지전능한 힘에 복종하며 혼란과 어둠 속에서도

거침없이 나아가는 안내자, 구원자, 시혜자가 되어라.

자연은 얼마나 아름다운 진리를 남겼는가!

그 가르침은 어린아이의 눈빛과 얼굴, 갓난아이의 행동,

짐승의 움직임 속에도 담겨 있다.
그들은 나누어지거나 반발하지 않는다.
자기 목적과 다른 힘을 따지지 않기에
마음이 온전하고 눈이 순수하다.

자기 자신을 믿어라.
그 진리를 받아들이고 당신 안의 빛을 세상에 드러내라.

주변을 관찰한 뒤 편견 없이, 두려움 없이,
솔직하게 자신의 의견을 말하는 사람.
그런 사람이 진짜 강한 사람이다.

그의 의견은 사적 감정이 아닌, 필요와 진리에서
나오는 것이기에 사람들의 마음속에 깊이 스며든다.
그렇기에, 두려움 없는 솔직함은 힘이 되고 영향력이 된다.
주저하지 말고 자신을 믿고 말하라.

"실패를 걱정하지 말고,
시도조차 하지 않았을 때
놓치는 기회를 걱정하라."

— 잭 켄필드

사회는 자기 확신을 경계한다

우리가 혼자 있을 때는 마음속 목소리가 들리지만,

세상 속에서는 희미해지고 결국 사라진다.

어떤 사회에서든, 사람들은 씩씩하고 솔직한 어른으로

성장하지 못하게 하는 보이지 않는 울타리를 만든다.

사회는 주식회사와 같다.

구성원들은 자유와 개성을 잃고, 순응이라는 미덕을 강요받는다.

그 속에서 자기신뢰는 가장 미운 존재다.

온전한 어른이 되려는 사람은 순응을 거부할 줄 알아야 한다.

진정한 영광을 얻으려면, 겉치레의 선에 속지 말고

그 본질을 면밀히 살펴야 한다.

신성한 것은 오직 당신의 성실한 마음뿐이다.

스스로의 본성에서 나온 법만이 진정한 법이다.

선과 악은 이름일 뿐, 그저 붙이기 나름이다.

옳은 길은 당신의 기질을 따라 사는 것.

그 기질에 어긋나게 사는 것은 잘못이다.

거대한 사회와 낡은 제도 앞에서도,

올바른 사람은 흔들리지 않는다.

진실을 말하고, 올곧게 나아가라.
과장된 사랑보다 거칠지만 솔직한 진실이 아름답다.
선량함은 약함이 아니며, 순수함은 결코 무디지 않다.

당신이 속하지 않은 곳,
마음이 닿지 않은 곳에는 단 한 푼도 쓰지 마라.
당신의 양심이 옳다고 말할 때,
세상의 비난에 주늑 들지 마라.
타인의 시선이 아니라, 마음에서 우러난 선을 행하라.
스스로의 길을 믿고, 진실이 이끄는 대로 걸어가라.

내 인생은 나의 것

내 인생은 나의 것이다.
남에게 보여주기 위해 사는 것이 아니다.

대중은 미덕을 원칙이 아닌 예외로 본다.
먼저 사람이 있고, 그다음 미덕이 있다.
사람들은 용기와 자비를 증명하기 위해 속죄처럼 선행을 행한다.

그러나 나는 속죄하지 않고 그저 씩씩하게 살아가고 싶다.
화려하지만 불안정한 삶보다 낮은 신분이라도
진실하고 평등하게 사는 것을 좋아한다.

내 인생이 건전하고 달콤하길 바란다.
절식이나 불필요한 희생으로 나를 증명하지 않겠다.
나는 이미 사람으로 태어났다는 그 사실 하나로 충분하다.
그 밖의 증서도, 특혜도, 타인의 확신도 필요 없다.

나는 내가 중요하다고 생각하는 것을 행한다.
타인이 중요하다고 말하는 것을 따르지 않는다.

이 원칙은 지키기 어렵지만,
하지만 바로 그것이, 평범함과 위대함을 가르는 기준이다.

왜 어려운가?
세상에는 늘 "당신의 의무가 무엇인지
내가 더 잘 안다"고 말하는 이들이 있기 때문이다.
그들의 목소리에 따르는 것은 쉽다.

그러나 위대한 사람은 다르다.
타인의 말에 흔들리지 않고,
군중 속에서도 자신의 고독을 지킨다.
자신만의 길을 걸으며,
품위 있고, 진실되게 살아간다.

순응은 눈먼 사람의 허세다

죽은 관습에 기대지 말라.

그것은 당신의 시간을 앗아가고, 마음속의 빛을 흐리게 할 뿐이다.

당신이 어떤 이념을 따르고, 어떤 신앙을 갖고,

세상의 질서에 맞춰 산다 해도,

나는 여전히 당신이 어떤 사람인지 알 수 없다.

왜냐하면 당신의 힘은 이미 흩어졌기 때문이다.

그러나 당신이 오직 당신만의 일을 한다면,

나는 곧 알아볼 것이다.

그 일은 당신을 더욱 강하게 하고

당신의 이름을 빛나게 할 것이다.

세상은 순응을 강요한다.

억지로 웃고, 억지로 맞장구치고, 억지로 소속을 고백하는 사람
들 속에서 얼굴은 굳고, 마음은 메말라 간다.

그러나 기억하라.

대중의 시선은 바람처럼 흔들린다.

오늘은 비난하고 내일은 칭찬한다.

그들의 얼굴빛이 바뀔 때마다 당신의 길을 바꿀 필요는 없다.

진실로 굳건한 사람은 사회나 타인의 기대에 따라가지 않고

버틸 줄 안다.

그의 말은 눈치가 아니라, 필요에서 비롯된다.

그의 삶은 타인의 기대가 아니라, 자신의 중심에서 흘러나온다.

세상은 자기 빛으로 사는 사람을 두려워한다.

바로 그 때문에, 그들의 목소리는 오래 남는다.

오늘의 진심이 내일을 만든다

사람들은 당신이 하는 일을 각자의 시선으로 보지만,
당신이 진심으로 행동한다면 결국 한 방향으로 이어질 것이다.
멀리서 보면 배가 수없이 방향을 틀며 지그재그로 항해하는 것
같지만, 시간이 지나면 그 길은 곧은 항로였음이 드러난다.

우리의 삶도 그렇다.
지금은 흔들리는 것 같아도
모든 걸음은 결국 한 뜻으로 모인다.
그러니 괜히 스스로를 변명하지 마라.
당신의 진심은 언젠가 드러난다.
진심이 담긴 행동은 설명보다 오래 남는다.

남의 기대에 맞추느라 멈추지 마라.
홀로 선다는 건 외로움이 아니라,
스스로 믿는 방향으로 걷는 일이다.
지금의 선택이 옳다면,
그걸로 충분하다.

오늘의 진심이 내일의 길을 만든다.

남의 시선을 내려놓는 순간, 당신은 이미 바른 길 위에 서 있다.

성품의 힘은 쌓여서 만들어진다.

과거의 미덕은 사라지지 않는다.

그것은 당신의 오늘을 붙들고, 내일을 비추는 빛으로 남는다.

역사를 빛낸 위대한 사람들은 단지 목소리나 말투로

존경받는 게 아니다.

오랜 시간 쌓인 그들의 수많은 덕행이 있었기 때문이다.

워싱턴의 품격도, 애덤스의 철학도, 채텀의 연설도

하루아침에 만들어진 것이 아니었다.

그들의 삶이 켜켜이 쌓여 오늘날 빛을 발한 것이다.

명예는 남이 주는 것이 아니다.

스스로 길러낸 힘을 통해 얻는 것이다.

그 힘은 구걸하지 않고,

그 자체로 존중받을 자격이 있다.

그리고 그 품격은 젊은이의 행동에서도 빛난다.

조용하지만, 결코 사라지지 않는 빛이다.

그러니 지금, 당신이 옳다고 믿는 길을 걸어라.

오늘의 진심이 언젠가 당신의 이름을 밝혀줄 것이다.

"나는 나 자신을 믿는다.
그것이 나를 여기까지 오게 했다."
— 에이브러햄 링컨

진정한 인간은 언제나 중심에 선다

세상의 소음에 휘둘리지 않고,

사물의 본질과 마주 서야 한다.

순응과 일관성에 얽매이지 마라.

그건 결국 관습이 씌운 족쇄일 뿐이다.

이제는 고개 숙이며 사죄하는 삶을 버려라.

스스로의 자리에 우뚝 서라.

진정한 인간은 누구의 비위를 맞추지 않는다.

그는 세상과 사람들을 향해 조용하지만

단단하게 말한다.

"나는 나의 본성을 따라 살겠다."

평범한 만족에 머물지 마라.

진정한 인간은 시대의 틀에 갇히지 않는다.

그는 언제 어디서든 중심을 지키며,

세상과 자연을 꿰뚫어 본다.

그의 존재만으로도 사물은 새롭게 빛나고,

그의 성품은 한 나라, 한 시대, 하나의 대의를 상징한다.

역사는 결국 몇몇 위대한 개인의 이야기로 남는다.
카이사르, 루터, 웨슬리, 클라크슨…
그들이 걷던 길 위에서 수많은 사람이
자신만의 발걸음을 이어왔다.
그리고 지금, 그 길 위에 서 있는 사람은 바로 당신이다.
그러니 인간은 스스로의 가치를 깨닫고,
그 빛으로 세상을 다스려야 한다.

진정한 인간은 눈치를 보지 않는다.
세상을 엿보며 살아가지도 않는다.
자신의 존재를 숨기려고 애쓰지 않는다.
오히려 세상이 그를 바라본다.
모든 사물은 그의 주목을 갈망한다.
그림도, 책도, 조각상도, 궁전도 그에게 말한다.
"나를 봐달라. 나를 비춰달라."

그러니 당당히 서라.
세상의 중심에서,
당신의 성품과 재능으로 세상을 비추어라.

술에 취한 사람의 이야기

옛날에 한 사람이 있었다.
술에 취한 채 거리에 쓰러져 있던 그를
사람들이 발견해 깨끗이 씻기고,
좋은 옷을 입혀 공작의 침대에 눕혔다.
잠에서 깨어난 그는 주위의 극진한 대접을 받고는
자신이 원래부터 공작이었다고 믿었다.

이 단순한 우화가 오래도록 사람들 사이에서
회자되는 이유는 무엇일까.
그것은 우리의 삶을 비추기 때문이다.
인간은 마치 술에 취한 사람처럼
자신의 진짜 모습을 잊고 살아간다.
세속의 습관 속에서, 타인의 시선 속에서,
비틀거리며 자신이 누구인지조차 모른 채 살아간다.

그러나 때로는 깨어난다.
깊은 성찰의 순간, 진실한 경험의 순간,
혹은 내면의 목소리와 마주하는 순간,

그때 우리는 비로소 알게 된다.

나는 공작이었다는 것을.

나는 본래 존엄한 존재였다는 것을.

이 깨달음이 바로 자기 신뢰의 시작이다.

남이 정한 이름이나 역할이

당신의 전부는 아니다.

당신을 규정하는 것은 언제나 당신 안의 본성이다.

우리가 해야 할 일은 단 하나,

잠든 듯 살아가는 습관에서 벗어나

늘 깨어 있으려 애쓰는 것이다.

"빛을 찾으려면 먼저 어둠 속에서

눈을 떠야만 한다."

— 칼 융

"깨달음은 인생의 문제를 푸는 열쇠가 아니라,

문제를 바라보는 눈을 바꾸는 일이다."

— 에크하르트 톨레

자기 신뢰의 원천

우리는 종종 남의 시선에 맞춰 구걸하듯, 아첨하듯 살아간다.

역사 속 왕과 귀족, 권력과 부를 찬미하는 이유도, 사실은 그들의 삶에서 잠시나마 반짝였던 자기 신뢰와 독창적 행위에 무의식적으로 매혹되기 때문이다.

그러나 그들의 업적은 과거를 만들었지만, 오늘 당신의 행동은 미래를 만들기 때문에 중요하다.

작은 집에서 평범한 일상을 살아가는 사람의 의지와 행동이, 왕의 발자취만큼이나 세상에 빛을 낼 수 있다.

모든 독창적 행위는 결국 자기 신뢰에서 비롯된다.
그렇다면 우리를 진정으로 신뢰하게 하는 힘,
그 보편적인 신뢰의 원천은 어디에 있는 것일까.
그것은 바로 그것은 바로 '직관'이라 부르는 감각에 있다.

직관은 인간 행동과 사상의 원천이며, 지혜와 영감이 숨 쉬는 자리다.
그것을 부정하는 것은 곧 우리 안의 신성을 부정하는 일이다.
우리는 거대한 지성, 로고스의 빛 위에 서 있다.

정의와 진리를 깨닫는 순간,

그 빛이 단지 우리의 마음을 통과하고 있을 뿐이다.

직관은 변덕이 아니다.

그것은 운명처럼 이어지는 흐름이다.

오늘 내가 본 진리는 내 자손이, 인류가 계속해서 보게 될 것이다.

그 진리는 누구도 반박할 수 없다.

그러므로 존재의 감각을 신뢰하라.

당신의 직관이 모든 사물과 연결된 근원에서 비롯되었음을 기억하라.

그것이 바로 진정한 자기 신뢰의 시작이다.

장미에게는 시간이 없다

인간은 너무 자주 뒤를 돌아본다.

자신을 변명하며, 과거의 그림자 속에 머문다.

이제 그는 더 이상 당당히 말하지 못한다.

"나는 지금, 여기 존재한다."

그 한마디를 잃어버린 것이다.

사람들은 성인의 말과 현자의 문장을 앵무새처럼 반복하며

정작 자신이 살아 있는 이 순간을 놓친다.

하지만 장미는 그렇지 않다.

내 창문 아래 피어난 장미는 어제의 장미나 내일의 장미와 자신

을 비교하지 않는다.

그저 지금, 이 순간에 자신의 향기와 색으로 온전히 존재할 뿐

이다.

장미에게는 시간이 없다.

오직 생명과 본성에 충실한 '현재'만이 있을 뿐이다.

아쉽게도 우리는 장미처럼 살지 못한다.

과거를 후회하고 미래를 걱정하며 현재를 흘려보낸다.

그러나 지금, 우리 안의 직관이 깨어 있다면,
내적 생명이 살아 있다면 우리는 더 이상 남의 발자취를 따라
걸을 필요가 없다.
진실하게 사는 사람은 사물을 있는 그대로 보고,
매 순간 새롭게 느끼며, 낡은 기억과 관습을 놓아버릴 수 있다.

하느님과 함께 존재할 때,
우리의 목소리는 시냇물의 속삭임처럼,
보리 이삭의 살랑거림처럼 부드럽고 자연스러워진다.
영혼은 어느 순간, 세상과 자신이 하나임을 깨닫는다.
그 조화와 동일성 속에서 모든 것이 결국 잘될 것임을 느끼고,
그 믿음이 영혼을 평온하게 만든다.
대서양의 끝없는 파도도, 수세기의 시간도 그 앞에서는 아무 의
미가 없다.
진정 중요한 것은 지금, 이 순간 우리의 생명과 존재가 만들어내
는 살아 있는 진리다.

장미가 시간을 초월해 피어나듯,
우리가 지금의 생명에 온전히 머무를 때,
그 순간은 완전하고, 신성은 우리 안에 깃든다.

비로소 존재한다

삶은 오직 지금, 이 순간만 존재한다.
이미 지나간 시간은 돌아오지 않고,
다가올 미래는 아직 오지 않았다.

힘은 과거에 머무를 때도, 미래를 걱정할 때도 생기지 않는다.
진정한 힘은 새로운 상태로 나아가는 순간, 목표를 향해 한 걸음 내딛는 그 순간, 심연을 뛰어넘을 때 비로소 존재한다.
영혼은 바로 그 순간, 자기 자신으로 우뚝 서기를 갈망한다.

하지만 세상은 이 단순한 진실을 좋아하지 않는다.
시간이 흐를수록 모든 부와 명성, 심지어 성인과 악당의 구분마저 서서히 희미해지기 때문이다.

그러나 만약 당신의 영혼이 지금, 이 자리에서 당당히 서 있다면
그것은 말로 하는 신뢰가 아니라, 존재로 증명된 신뢰다.
그 순간, 당신의 영혼은 이미 세상을 지배하고 있다.
손가락 하나 까딱하지 않아도, 그 존재는 흔들리지 않는다.
스스로 중심을 지키며, 조용히 세계를 움직인다.

자연계가 보여주는 모든 사례는 이 원리를 증명한다. 별이 스스로의 궤도를 지키고, 나무는 거센 바람에 흔들려도 다시 제 모습을 되찾는다.

꽃이 피고, 동물이 살아 숨 쉬는 순간 그 모든 생명 속에서 우리는 자기 신뢰의 힘과 내면의 충만함을 본다.

상업과 전쟁, 농업과 사냥, 인간의 손길이 닿은 모든 곳에서도 선과 악은 함께 움직인다.

그러나 자신의 영혼으로 우뚝 선 사람은 혼란의 한가운데서도 그 중심을 잃지 않는다.

모든 것이 결국 하나의 근원으로 돌아가듯, 우리의 영혼도 본성에 충실할 때 세상과 완벽한 조화를 이룬다. 삶과 행동이 곧 자연의 법칙이 되고, 운명의 기준이 된다. 자기 영혼에 깊이 뿌리내린 힘으로, 우리는 세상의 혼돈 속에서도 흔들림 없이 우뚝 설 수 있다.

내 마음과 영혼이 선택하는 길

사람들은 종종 외부의 시선과 관습에 묶여 스스로를 구속하며 살아간다.

남들의 기대를 채우느라, 다른 사람의 삶 속에서 물 한 모금 구걸하듯 살아간다.

그러나 진정한 힘은 그 반대편에 있다.

자기 안의 깊은 바다와 연결될 때, 비로소 그 힘이 깨어난다.

혼자 있는 시간, 조용히 앉아 내면의 소리에 귀 기울이는 순간, 그때 우리는 자기 영혼으로 우뚝 설 수 있다.

혼란과 유혹이 다가와도 그 속으로 뛰어들지 말라.

사람과 상황이 나를 괴롭히는 것은 결국 내 안의 약한 호기심이 문을 열어준 탓이다.

이제는 그 문을 닫고, 유혹을 물리치며 내적 중심을 지켜야 한다. 내면이 강할수록 외부의 혼란은 자연스레 사라진다.

진실과 자기 신뢰를 삶의 원칙으로 삼자.

이제부터는 영원한 법 이외의 어떤 법에도 복종하지 말고, 진실

이 아닌 것과는 어떤 계약도 맺지 말자.

가족과 친구, 사회적 관계는 존중하되, 그들의 기대와 관습에 자신을 길들이지 말라.

내가 진실하게 사랑하고, 진심으로 행동하는 순간

그것은 나뿐만 아니라 주변 모두에게 빛이 된다.

진실과 나만의 법칙에 따라 살아간다면

비록 처음에는 세상이 놀라고 불편해할지라도,

결국 그들 또한 이해할 것이다.

그리고 자신만의 진실과 마주하게 될 것이다.

이제는 남의 기대가 아니라,

가슴이 시키는 대로 살아야 할 때다.

내 마음과 내 영혼이 선택하는 길.

그 길을 따라 조용히, 그러나 단호하게 걸어가라.

의무의 수행

인간의 판단은 언제나 내면의 의식에서 비롯된다.

진정한 옳고 그름은 밖이 아니라 자기 안에서 스스로 빛을 낸다.

내면의 경계 안에서 의무를 따른다면 외부의 규칙은 더 이상 굴레가 아니다.

자기 신뢰를 스승으로 삼는 사람은 그 내적 힘이 높고 굳건하여 스스로 법과 교리를 세울 수 있다.

오늘날 우리는 두려움과 소심함 속에서 허덕이며, 필요조차 제대로 채우지 못한 채 사회가 정해준 길을 따르고 있다.

예술도, 직업도, 결혼도, 심지어 종교마저도 우리가 선택한 것이 아니라 사회가 대신 정해준 결과물이다.

그러나 그렇게 살아서는 결코 진정한 힘을 얻을 수 없다.

자기 안의 목소리를 따르지 않는 한, 그 어떤 성공도 결국 남의 그림자일 뿐이다.

자기 신뢰를 위한 네 가지 지침

첫째, 자신의 직관을 따르라.

남의 눈치에 흔들리지 말고 마음 깊은 곳의 목소리에 귀 기울여라. 그 목소리가 이끄는 대로 한 걸음 내딛는 순간, 삶은 흔들리지 않는 중심을 얻게 된다.

둘째, 과거의 권위에 매이지 말라.

전통이나 유명한 이름이 언제나 옳은 것은 아니다. 무엇이 '지금의 나'에게 진실한가, 무엇이 나를 살아 있게 하는가를 스스로 묻고 답하라. 과거의 권위보다 현재의 확신이 더 큰 힘이 된다.

셋째, 일관성에 얽매이지 말라.

어제의 말과 오늘의 생각이 다르다고 두려워하지 마라. 중요한 것은 억지로 과거에 맞추는 것이 아니라 매순간 내 안의 진실을 따라 사는 것이다. 성장한 만큼 생각이 바뀌는 것은 변덕이 아니라 성숙의 증거다.

넷째, 대중의 오해를 두려워하지 말라.

세상의 기준을 거부하면 사람들은 종종 그것을 방종이라 비난

한다. 그러나 자기 신뢰는 이기심이 아니라 내적 진실과 원칙을 지
키는 힘이다. 남의 평가보다 스스로에게 떳떳한 길을 걸어라. 그 길
이 결국, 가장 큰 자유를 준다.

자기 신뢰는 외부의 시선이 아니라 내면의 진실에 따라 사는 훈
련이다. 이 네 가지 지침을 따를 때, 우리는 남의 기대에 흔들리지
않고 오직 자신만의 길을 걸어갈 수 있다.

"자신의 마음이 이끄는 대로 따르라.
그것이 진정한 운명이다."
― 파울로 코엘료

위인이 나오지 않는 세상

인류의 역사는 오래되었지만, 그 본질은 여전히 하나다.

옛날의 위대한 인물들보다 더 큰 위인은 나오지 않는다.

시대마다 새로운 이름이 등장하지만,

진정한 위인은 언제나 자기 이름으로 불린 사람이다.

그들은 누구의 그림자에도 서지 않고,

스스로 길을 내며 그 길의 첫걸음을 남긴다.

기계와 도구가 아무리 발전해도,

인간을 위대하게 만드는 힘은 오직 내면의 용기다.

콜럼버스는 작은 배로 신세계를 향해 나아갔고,

갈릴레오는 단순한 망원경으로 우주의 진리를 발견했다.

진짜 성취는 장비가 아니라 사람의 결심에서 비롯된다.

나폴레옹은 화려한 군장보다 병사들의 강인함을 택했다.

그들은 스스로 빵을 구워 먹으며 버텼고,

그 단순함 속에서 위대한 힘이 길러졌다.

사회는 파도와 같다.

파도는 끊임없이 앞으로 밀려가지만,

그 물결을 이루는 한 방울 한 방울은 제자리에 머문다.
인류 또한 그렇다. 문명은 변하는 듯 보이지만,
그 속을 들여다보면 언제나 같은 인간의 본성이 흐르고 있다.
위대한 인간의 본질은 언제나 같고,
그 힘은 각자의 내면에서 나온다.

"세상을 바꾸려면 먼저 자기 안의 두려움을
이길 용기부터 가져야 한다."
— 마하트마 간디

"진정한 용기란, 두려움을 느끼지 않는 것이 아니라
두려움 속에서도 앞으로 나아가는 것이다."
— 넬슨 만델라

자기 신뢰는 운명에 맞서는 힘

재산이나 제도, 혹은 다른 사람의 보호에 기대는 것은
결국 자기 신뢰의 부족을 드러내는 일이다.
진짜 자산은 상속이나 우연히 얻은 것이 아니다.
그것은 오직 스스로의 성품으로 쌓아올린 힘이다.
그 성품은 불과 폭풍, 혁명 앞에서도 사라지지 않는다.
세상이 무너져도, 그것만은 끝까지 나를 지켜준다.

강한 사람은 외부의 지지를 바라지 않는다.
그는 혼자 설 때 가장 강하다.
자신의 깃발 아래 따르는 무리가 많을수록,
그만큼 내면의 의지는 약해진다.
진정한 힘은 언제나 자기 안에서 발견되는 것이다.
그런 사람만이, 다른 이들의 기둥이 된다.

운명은 두려움의 대상이 아니라, 다스려야 할 힘이다.
대부분의 사람은 운명과 도박하듯 얻었다 잃기를 반복하지만,
자기 신뢰를 지닌 사람은 원인과 결과의 법칙을 믿는다.
그는 스스로 뜻을 세우고, 묵묵히 일하며,

마침내 운명의 수레바퀴를 멈춰 세운다.

좋은 소식이 찾아와도, 그것에 기대지 마라.

그 기쁨 또한 잠시 스쳐가는 바람일 뿐, 진짜 힘은 언제나 당신 안에서 자라난다.

정치적 승리도, 재산의 이익도, 건강의 회복도 영원한 평화를 주지 못한다.

진짜 평화는 오직 자기 안에서 비롯된다.

자기 안의 근본 원리와 마주 서서, 그것을 이겨낸 사람만이 흔들리지 않는 자유를 얻는다.

"운명을 원망하는 대신,

그 안에서 나를 단련시켜라.

그것이 인생의 진짜 힘이다."

— 헬렌 켈러

"운명에 순응하는 것은 쉬운 길이다.

그러나 운명을 바꾸려는 시도 속에서 인간은 성장한다."

— 알베르 카뮈

“자신의 내적 목소리를 믿는 것이
가장 중요한 일이다.”

— 스티브 잡스

"운명은 준비된 자에게
미소 짓는다."
— 루이스 파스퇴르

PART 2

운명

어떻게 살아야 하는가

우리는 운명의 흐름을 바꿀 수 없다.

거대한 사상의 궤적을 꺾을 수도, 그 충돌을 화해시킬 수도 없다.

그저 각자는 저마다의 극성을 따라, 자신에게 주어진 길을 걸어갈 뿐이다.

그렇기에 더욱 깊이 생각해야 한다.

어디로 나아갈지, 어떤 방향이 진실한 나의 길인지.

뜻을 세우고 첫걸음을 내딛는 순간,

우리는 곧 한계라는 벽과 마주 선다.

사람을 바꾸고 싶다면, 그 시작은 교육에서 비롯되어야 한다.

이미 자라버린 마음은 쉽게 꺾이지 않는다.

결국 우리는 깨닫는다.

변화는 태어나는 순간부터, 아니 그 이전부터 시작된다는 것을.

그 벽 앞에서 우리는 한숨을 쉬고, 그것을 '운명'이라 부른다.

하지만 그렇다고 운명에 순종하며 머물 수는 없다. 운명이 진실이듯, 자유 또한 진실이기 때문이다.

우리는 필연을 인정하면서도, 그 안에서 자유를 찾고, 스스로의 책임을 세워야 한다.

그것이 인간의 품격이고, 영혼의 힘이다.

운명과 자유는 서로 등을 지고 서 있는 것처럼 보이지만, 사실은 하나의 원을 이루며 돌고 있다.

둘은 서로를 밀어내지 않는다.

오히려 하나가 있을 때, 다른 하나가 완성된다.

자유로운 선택 속에서 우리는 운명의 힘을 깨닫는다.

운명의 제약 속에서 다시 자유를 발견한다.

인간은 언제나 시대와 짝을 이루며 살아간다. 시대의 수수께끼는 각자에게 은밀한 해답을 속삭인다.

현명한 사람들은 이미 오래전부터 그 사실을 느껴왔다.

말로 설명할 수도, 표결로 결론 낼 수도 없는 어떤 힘이 있음을.

세상을 단단히 묶는 밧줄처럼,

모든 존재를 제자리에 머물게 하는 보이지 않는 힘.

그것이 곧 운명이다.

그러나 기억하라.

운명이 아무리 강해도, 자유는 사라지지 않는다.

그 사이의 긴장 속에서 우리는 살아가야 한다.

그리고 마침내 스스로에게 묻는다.

"나는 어떻게 살아야 하는가"

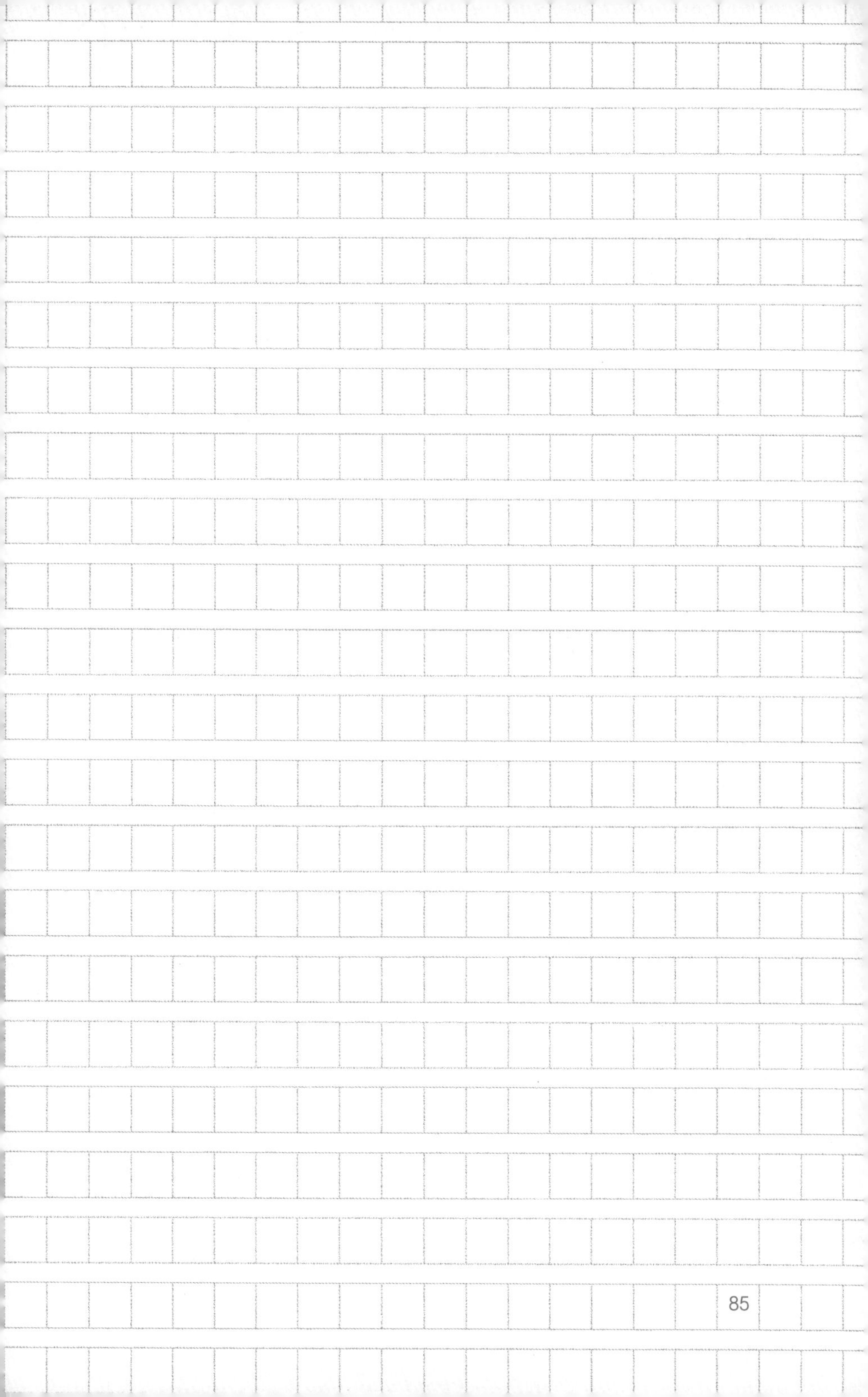

자연은 법칙에 따라 작동한다

자연은 우리를 달래지도, 비위를 맞추지도 않는다.

세상은 거칠고, 때로는 심술궂으며, 인간을 가리지 않고 재난과 위험으로 삶을 덮쳐온다.

추위와 질병, 번개와 지진, 화산 폭발과 기후 변화는 아무런 예고 없이 삶을 무너뜨린다.

호랑이의 발톱, 아나콘다의 숨결, 심해를 가르는 상어와 식인고래의 그림자, 그 모든 생명의 잔혹함은 인간의 감상 따위와는 무관하다.

우리가 아무리 도덕과 신학으로 자연을 해석하려 해도, 그 섭리는 여전히 냉정하고 예측할 수 없다.

자연재해 같은 위험은 예외가 아닌 법칙이며, 한 번 일어난 일은 언제든 다시 반복된다.

미리 대비하지 않는다면, 리스본의 지진처럼, 나폴리의 압사처럼, 혹은 서부 개척민들을 휩쓴 열병처럼 인간은 언제든 속수무책으로 무너질 수 있다.

자연의 잔혹함을 부정하거나, 감상적인 시선으로 미화하는 것

은 위험하다.

우리는 마주해야 한다. 이 세상의 냉혹한 질서를.

그리고 그 속에서 살아남아야 하는 인간의 숙명을.

두려움 없이 살아가는 것이 용기가 아니다.

진짜 용기란, 언제 닥칠지 모를 위험 앞에서도 마음을 다잡고 대비하며 살아가는 일이다.

경각심 속에서 깨어 있는 사람만이 자연의 거대한 힘 앞에서도 자신을 잃지 않는다.

그는 두려움을 부정하지 않고, 그것을 이해한 뒤 넘어선다.

그렇게 선택할 줄 아는 사람, 그리하여 성숙한 결단을 내릴 수 있는 사람만이 이 거친 자연 속에서 자기 존재를 끝까지 지킬 수 있다.

"자연은 보상도, 복수도 하지 않는다.

그저 법칙 대로 작동할 뿐이다."

— 헨리 데이비드 소로

주어진 운명을 빛나게 하는 방법

인간의 운명은 단지 외부 사건이나 환경만으로 결정되지 않는다.

인간에게 신체는 곧 수단이며, 정신은 목적이다.

그러나 때로는 육체가 정신을 가두고, 그 한계를 정한다.

동물의 형태가 그 동물의 한계를 결정하듯, 인간의 신체 구조와 유전적 기질도 개인의 재능과 한계를 미리 정한다.

얼굴 형태, 눈빛, 체형, 혈통 등은 모두 삶에서 발휘할 수 있는 정신적, 육체적 능력을 제약한다.

사람은 조상과 부모의 성향을 물려받으며, 신체적 한계 안에서만 존재를 펼칠 수 있다.

그렇기에 어떤 날품팔이에게서 뉴턴의 법칙을 기대하거나, 혹은 섬세한 학자에게서 전사의 기개를 기대할 수는 없다.

인간은 주어진 조건 속에서 자신의 빛을 만들어내는 존재다.

한계는 틀림없이 존재하지만, 그 한계 안에서 피어나는 정신이야말로 진정한 인간의 가능성이다.

동물적 본능과 생리적 욕구는 인간에게 영향을 미치며, 강력한 욕구는 정신적 성취를 제한한다.

그러나 새로운 재능과 창조적 능력이 발현될 때, 이 제한은 일정 부분 극복할 수 있다.

음악, 건축, 그림, 이야기, 여행, 신체적 능력 등 다양한 재능은 개인의 삶을 풍부하게 만들지만, 동시에 생명력을 소모하고 건강과 생식력에 부담을 줄 수 있다.

몸은 단지 수단이 아니라, 정신이 세상에 발을 딛고 설 수 있게 하는 현현*의 자리다.

그러므로 우리는 몸을 억누르거나 경시하지 않고, 그 속에서 정신의 목적을 실현하기 위해 애써야 한다.

그럴 때 비로소 인간은 자신에게 주어진 운명을 가장 빛나는 형태로 드러낼 수 있다.

재능과 건강, 생명력은 서로를 지탱하는 기둥이다.

이 셋이 조화를 이룰 때, 삶은 오래 지속되고, 성취는 깊은 의미를 가진다.

• 현현(顯現) 명백하게 나타나거나 나타냄.

삶은 의지와 환경 사이에서 균형 잡기

사람은 자기만의 기질과 편향을 지닌 채 세상에 태어난다.

같은 자궁에서 나온 형제라도 서로 다른 운명을 안고 태어나듯, 우리의 삶은 선조로부터 물려받은 기질, 그리고 자신을 둘러싼 환경이 맞물려 만들어진 하나의 이야기다.

강한 본성을 지닌 사람은 어떤 어려움 속에서도 자신의 이상을 향해 나아간다.

그러나 대부분의 사람은 육체의 한계와 욕망, 마음의 나약함 때문에 의지를 끝까지 펼치지 못한다.

환경 또한 무시할 수 없다.

알 속의 생명체가 주어진 조건에 따라 새가 되기도, 식물이 되기도 하듯, 인간 역시 성장하는 과정과 주변의 공기 속에서 자신의 재능과 성향을 드러낸다.

자연과 환경은 때로 독재자처럼 강하게 우리를 지배한다.

그 속에서도 인간은 끊임없이 스스로의 길을 찾으려 애쓴다.

따라서 인간의 삶은 의지와 환경, 내적 힘과 외적 조건 사이의 균형 속에서 이루어진다.

개인은 자신의 운명을 완전히 바꿀 수 없지만, 자신에게 주어진 환경과 조건을 이해하고 활용함으로써 가능한 범위 내에서 최대한 자유롭고 의미 있는 삶을 살아야 한다.

"운명이란 의지의 또 다른 이름이다.
단지 그것을 받아들이느냐,
만들어가느냐의 차이뿐이다."
— 제임스 앨런

"환경은 우리를 둘러싸지만,
의지는 우리를 이끈다."
— 나폴레온 힐

운명을 이해하려면

자연은 거대한 운명의 책과 같다.

한 페이지가 지나면 다시 돌아올 수 없듯, 지구의 역사는 끊임없이 흘러가며 새로운 종과 환경을 만들어낸다.

인간 역시 그러한 조건 속에서 태어나고, 그 조건에 따라 생존과 운명이 결정된다.

역사와 자연에서 보면, 인간의 힘은 제한적이다.

나폴레옹, 뉴턴, 제니 린드처럼 위대한 인물조차, 사회적 환경과 시대적 조건 속에서 탄생하며, 그들의 업적은 단순한 우연이 아니라 반복된 조건과 환경의 결과다.

따라서 인간은 운명을 완전히 바꿀 수 없지만, 그 흐름을 이해하고 지혜롭게 움직일 수 있다.

운명은 강력하지만, 부드럽고 정교하게 작동한다.

북유럽 신화의 늑대처럼, 강력한 힘으로도 제어할 수 없는 운명은, 부드러운 끈처럼 섬세하게 인간을 인도한다.

인간이 도덕적·정신적 수준을 높이면, 운명도 한층 부드럽게 작용하며, 정의롭고 의미 있는 결과를 만들어 낸다.

결국, 자연과 운명을 관찰하고 이해하는 것은 삶을 통찰하고 지혜롭게 선택하는 힘으로 이어진다.

운명을 완전히 피할 수는 없지만, 그 속에서 자신의 위치를 알고 행동하며 도덕과 정신적 성장을 통해 운명과 조화를 이룰 수 있다.

"운명은 의지가 없는 사람에게 멍에가 되지만,
의지가 강한 자에게는 도구가 된다."
— 제임스 앨런

"환경은 인간을 만들지 않는다.
다만 그를 드러낼 뿐이다."
— 에픽테토스

휩쓸리지 않고, 운명을 활용하는 법

운명은 거대하다.

인간 또한 그 일부로서, 운명에 맞서고 또 그것을 이용할 수 있다.

운명은 우리에게 한계를 준다.

하지만 그 한계 속에서도, 인간의 의지와 의식은 여전히 작용한다.

자유는 필연의 한가운데 있다.

생각하는 한, 인간은 자유롭다.

운명을 탓하거나 체념해서는 안 된다.

약한 사람은 운명을 변명으로 삼지만, 강한 사람은 운명을 도구로 삼는다.

운명을 이해하고, 객관적 사실을 받아들이며, 그 안에서 자신의 의지와 목적을 단단히 세워라.

운명을 잘 활용하려면 세 가지가 필요하다.

첫째, 자연처럼 품위 있고 강인할 것.

자신의 행동과 마음을 자연의 질서와 조화시키고, 허영과 불필요한 자의식을 비워내라.

둘째, 용기 있는 행동으로 운명을 시험하라

위험 앞에서도, 두려움 속에서도 당신의 의무를 다하라.

운명의 시련을 피해 가지 말고, 그 안으로 걸어 들어가라.

그곳에서만 성장의 기회를 만난다.

셋째, 운명을 이해하되 주도권을 가져라.

운명이 내미는 조건과 한계를 인정하되, 그 흐름 속에서 자신의 선택으로 길을 만들어라.

운명은 거스를 수 없는 강물 같지만, 그 물살 위에 방향을 정하는 것은 당신이다.

운명과 싸우지 말고, 운명과 공존하라.

그러나 그 안에서 스스로의 의지를 세워라.

운명을 단순한 제약으로만 보면 약자가 된다.

하지만 그것을 도구로 삼을 때, 운명은 오히려 당신을 단련시키는 스승이 된다.

인간은 운명 속에서도 강하게 설 수 있다.

운명에 휩쓸리지 않고, 운명을 활용하며 살아갈 수 있다.

진리는 그 안으로 들어가는 것

진리와 운명은 멀리서 바라본다고 해서 만날 수 있는 것이 아니다.

공기가 폐 속으로 들어와 생명을 유지하듯,

빛이 눈에 들어와 세상을 보여주듯,

진리 또한 우리가 직접 체험하고,

그 안으로 들어가야만 그 광대함을 느낄 수 있다.

모든 것은 그 체험 속에서 존재해야 한다.

그리고 그 안에서만, 우리는 최선을 깨닫는다.

진리를 체험한 사람은 사소한 일에 쉽게 흔들리지 않는다.

그는 우주의 질서와 조화를 이루며 살아간다.

그리고 마음 깊은 곳에서 이렇게 고요히 말할 수 있다.

"나는 진리의 불멸을 보았다. 그러니 내 마음은 더 이상 흔들리지 않는다."

진리 안으로 들어간 사람만이 세상의 법칙과 질서를 이해한다.

그 안에서 자유롭게 움직이고, 진정으로 살아갈 수 있다.

진리는 필연과 함께 존재하며,

그 속에서 인간의 내적 주권과 신성함이 드러난다.

세상의 설계를 꿰뚫어 보는 사람은 현실을 다스리고,

존재해야 할 것을 존재하게 만든다.

깊이 생각할수록, 우리는 시대 속에서 섭리의 뜻을 더욱 충실히
드러낸다.

우리의 의지는 세상의 질서와 맞닿아 있다.

정의와 필연의 흐름 속에서 모든 것은 자연스럽게 흘러간다.

영혼이 맑아질수록, 우리는 이기심을 넘어선 깨달음과 순수한
동기를 얻는다.

사고는 물질을 넘어 정신의 영역으로 확장되고,

깊이 사유할수록 인격과 영향력도 함께 자라난다.

진리는 단순히 배우는 것이 아니다.

그것은 체험이고, 내면화의 여정이다.

그 속으로 들어간 사람만이 진리와 운명의 본질을 깨닫고,

자유롭고 주체적인 삶을 살아간다.

생각과 감정이 하나로 모일 때

통찰이 감정과 만나면, 의지가 태어난다.

생각이 사람을 자유롭게 하듯, 도덕적인 감정도 인간을 자유롭게 한다.

정신의 연금술이란, 그 구조를 명확히 설명할 수 없지만 진리를 깨닫는 순간, 우리는 세상을 변화시키고자 하는 힘을 느낀다.

사랑과 애정은 그 의지를 실현하는 데 반드시 필요하다.

강한 의지는 억지로 만들어지는 것이 아니다.

몸과 마음이 하나로 모일 때, 그때 비로소 모든 에너지가 한 방향으로 흐른다.

균형을 이루지 못하면 의지는 쉽게 흔들린다.

물리적 힘이 작용에는 반작용을 요구하듯, 정신의 힘 또한 내면의 균형에서 에너지를 끌어온다.

도덕적 감정을 진심으로 경험한 사람은 선택의 여지 없이 보이지 않는 힘을 믿게 된다.

그들의 심장 박동은, 마치 신에게 드리는 맹세처럼 깊고 단단하다.

영웅의 행위와 용기의 기록은 자유가 폭발하는 순간의 증거다.

페르시아 시인 하피즈는 이렇게 노래했다.

"사랑은 영혼의 불길이며, 그 불길이 꺼질 때 의지도 사라진다."

통찰과 감정이 하나로 융합될 때, 비로소 의지라는 에너지가 태어난다. 그리고 그 에너지는 행동으로 이어질 때 완성된다.
그가 곧 의지이고, 의지가 곧 그인 상태가 되지 않으면 추진력은 생기지 않는다.

"행동하지 않는 깨달음은, 아직 진리가 아니다."
자연에서 가장 강력한 힘은 의지다.
사회가 무너지고, 세상이 구원자를 찾는 이유도 결국 그 의지가 부족하기 때문이다.

영웅은 그 길을 스스로 찾아 나선다.
세상을 발아래 두고, 뿌리처럼 단단히 선다.
영웅이 인정하면 그것은 명예가 되고, 그가 거부하면 그것은 치욕이 된다.
그의 눈빛에는 태양 같은 힘이 깃들어 있고, 그의 존재는 시간이 지나도 사라지지 않는다.
숫자도, 돈도, 날짜도, 심지어 운명조차 그 앞에서는 의미를 잃는다.

"자신을 신뢰할 때,
세상은 당신과 함께한다."
― 오프라 윈프리

운명은 정복의 대상

제약과 한계는 인간이 성장하는 척도다.

운명에 맞서는 일은 마치 어린아이가 벽에 키를 새기며 성장하는 것과 같다.

그는 자라서 그 벽을 허물고 더 큰 벽을 세운다.

모든 용감한 청년은 이를 활용해 힘과 지혜를 길러 나간다.

사람들은 두 가지 질서를 믿는다.

하나는 인간관계를 다스리는 질서, 또 하나는 자연의 질서다.

하지만 한 영역의 규칙을 다른 영역에 적용하면 큰 실수가 된다. 보이지 않지만, 신성한 질서는 늘 존재한다.

운명이란 아직 완전히 이해되지 않은 사건, 즉 생각과 경험을 통과하지 못한 사실이다.

혼란과 도전은 인간을 단련한다. 지성과 기술은 그것을 건강한 힘으로 바꾼다. 바닷물, 추위, 증기, 군중의 에너지와 분노까지도 이해하고 활용할 때, 모두 도구가 된다.

결국 운명은 정복의 대상이자, 인간이 이해하고 활용할 수 있는 원인이다.

운명과 자유를 결합한 삶

운명의 교훈은 부담스럽지만, 제약과 결점은 인간에게 날개가 된다.

우리는 운명이라는 거친 원석을 다듬으며, 그 속에서 힘과 자유를 길러 나간다. 인간의 결점과 재능은 서로를 비추며 성장한다.

고통과 어려움은 발전과 지혜를 위한 자원이 된다.

자연과 사회는 정교한 조화를 이루며 균형을 유지한다.

동물과 인간, 먹이와 환경, 사회적 관계는 모두 연결되어 있으며, 각자 주어진 자리에서 자신의 역할을 수행한다.

인간 역시 본능과 환경 속에서 자유롭게 작동하며, 이를 통해 삶의 목적을 완성해 간다.

새로운 존재가 나타나고 세상이 변화하는 과정은 자연의 질서 속에서 이루어진다.

자유는 운명 속에서 꽃피며, 운명은 자유를 통해 완성된다.

인간은 이 질서 안에서 자신의 위치와 역할을 자각하고, 의지와 노력으로 운명을 조율하며 성장한다.

세상의 비밀

세상의 비밀은 사람과 사건이 맺는 관계에 있다.

사람이 사건을 만들고, 사건이 사람을 만든다.

중요한 인물들은 시대와 사건 속에서 이 연결 고리를 활용했다.

운명이 낯설게 느껴지는 이유는, 그 연결 고리가 눈에 보이지 않기 때문이다.

하지만 영혼은 이미 자신에게 일어날 일을 품고 있다.

모든 사건은 영혼이 품은 생각이 현실로 드러난 결과이며, 우리는 그것을 하나씩 경험해 나간다.

집도, 땅도, 돈도 명성도 그 본질은 다르지 않다.

각자의 마음이 덧붙인 환상일 뿐이다.

많은 사람이 사건이 자신과 무관하게 일어난다고 믿지만, 실제 사건은 사람에게 맞게 발생한다.

오리와 독수리, 회계사와 군인이 제 역할을 수행하듯, 사건도 사람과 같은 줄기 위에서 자란다.

삶의 즐거움은 환경이나 직업에서 오는 것이 아니다.

우리가 삶을 어떻게 살아가느냐에 달려 있다.

모든 피조물은 자신에게 맞는 조건과 영역을 만들어간다.

민달팽이는 잎사귀 위에 집을 만들고,

물고기는 자신을 보호할 비늘을 형성한다.

인간도 삶 속에서 자신의 역할과 경험을 만들어간다.

젊은 시절에는 열정과 용기가 그것을 이끌고,

나이 들어서는 고통과 고민이 그 역할과 경험을 더욱 깊게 만든다.

이 모든 것은 삶의 자연스러운 발현이며,

사람과 사건, 운명과 자유는 서로를 통해 완성된다.

운명은 성품의 결과

친구와 주변 환경 모두 각자의 성품이 만들어낸 결과다.

사람들은 이를 확인하려고 역사 속 사례를 찾지만, 굳이 멀리 갈 필요는 없다.

자신의 삶 속에서 이미 충분히 볼 수 있다.

"우리는 각자 자신의 성품을 견뎌야 한다."

모든 사람은 자신의 기질에 따라 가능한 모든 것을 동원하며 살아간다.

오래된 믿음처럼, 운명에서 벗어나려 해도 결국 운명 안으로 빨려 들어간다.

인간은 탁월함으로 칭찬받기보다, 자기 성품에 맞는 삶을 살 때 더 큰 만족을 느낀다.

사람은 자신의 성품이 반영된 사건 속에서 성장한다.

그 사건들은 스스로 만들어내고, 동시에 자신을 따라다닌다.

장난감을 가지고 놀던 아이가 어른이 되어 거대한 제도 속에서 역할을 맡는 것과 같다.

야망과 동료, 그리고 성취는 그의 성품을 비추는 거울이다.

그것은 단순한 행운이 아니다.

인과의 조각들이 맞물려 이루어진 결과다.

세상은 그가 채워야 할 빈자리에 맞춰 정교하게 이어진 하나의 모자이크와 같다.

마을에는 각자의 생각과 노력으로 밭을 일구고, 물건을 만들고, 공장과 은행을 세우며 삶의 방식을 만들어가는 사람들이 있다.

그들을 만나면 세상이 어떻게 돌아가는지 한눈에 보인다.

도시를 만든 사람들을 보면 알 수 있다.

그들은 어디에 있든 새로운 도시를 만들어낼 사람들이다.

자신의 소원을 경계하라

역사는 자연과 인간의 생각이 끊임없이 맞물려 만들어진다.

처음에는 인간이 땅과 자연 앞에서 무력하지만, 점차 자신의 생각과 사랑을 그 위에 심는다.

정신이 닿으면 단단한 것도 부드럽게 변한다.

벽이 견고하다는 것은, 오히려 정신이 아직 약하다는 뜻이다.

보이지 않는 힘이 작용할 때, 세상은 새로운 형태로 바뀐다.

도시는 어떤 사람의 의지와 생각이 만든 물질의 총합이다.

화강암, 쇠, 나무, 석회, 과일, 고무 등은 노동자의 손길이 닿는 곳에서 의미를 갖는다.

물질은 생각이 향하는 곳으로 흘러가고, 인간은 생각과 함께 땅 위에서 자신을 드러낸다.

한 시대에 나타난 사람들은 모두 연결되어 있다.

아이디어는 공기 중에 떠다니며, 감수성이 강한 사람은 이를 먼저 표현할 뿐이다.

진리는 공기 중에 떠 있다.

민감한 두뇌가 먼저 포착하면, 곧 모두가 이를 따라잡는다.

결점과 성향 또한 상관관계 속에 드러난다.

건축가가 의도하지 않아도 목적에 맞는 건물이 아름다워지듯, 사람의 성품과 질병, 혹은 목소리, 문장, 행동, 사상, 자선 등 모든 것은 일관성을 가진다.

사람은 누구나 자신만의 적과 시련을 품고 살아간다.

강하고 집요한 성향은 마치 정원의 나무를 갉아먹는 민달팽이와 나방처럼, 또 사기꾼과 돌팔이, 이기적인 사람들을 통해 끊임없이 그를 시험한다.

영혼이 유연하고 마음이 민첩하다면, 삶은 작은 신호와 조짐 속에서 운명의 실타래를 풀어 보여준다.

우연한 만남 속에서 만날 사람을 알아보고, 예감과 조짐을 따르며 필요한 말과 사건을 미리 마주하게 된다.

우리가 소원한 것은 반드시 이루어진다.

괴테가 이렇게 말했다.

"젊은 시절 바랐던 것은 노년이 되면 몰려온다."

그러므로 우리는 소망을 조심스럽게 선택해야 한다.

가장 귀한 것만을 요구할 때, 운명은 우리에게 올바르게 응답한다.

인생의 신비를 푸는 열쇠

인간의 운명과 자유, 예지의 매듭은 눈에 보이지 않는 실처럼 엮여 있다. 그 매듭을 푸는 열쇠는 이중의식이다.

한쪽 발은 내면의 그림자 위에, 다른 한쪽 발은 세상의 빛 위에 올려두고 균형을 잡는 일이다.

마치 달빛 아래 흔들리는 구름 위에서 서커스 기수가 점프하듯, 우리는 매 순간 자신 안의 두 세계 사이를 떠다니며 길을 찾아간다.

운명의 희생자가 되면 몸과 마음은 고통에 시달린다.

좌골신경통, 근육 경련, 둔감해진 재치, 피로와 오만이 그림자처럼 드리운다.

하지만 이때 우주와의 관계를 새롭게 바라보면, 개인의 몰락조차 거대한 우주의 흐름 속에서 의미를 가진다.

자연 속 두 원소가 서로를 받아들이듯, 인간 또한 고통에서 깊은 교훈을 얻는다.

불구와 마비를 가져오는 힘도 있지만, 그 힘은 언제나 선한 힘으로 되돌아온다.

선한 의도는 갑작스러운 힘조차 부드러운 옷으로 바꾸고, 신이 말을 타고자 하면 조약돌조차 날개를 달아 돕는다.

휘청이는 길 위에서 균형을 잡아주고, 보이지 않는 손길로 여유를 부드럽게 받쳐준다.

모든 원자는 보편적 목적에 봉사하며, 인간은 이를 따라야 한다. 펄펄 내리는 눈송이, 조가비, 별빛, 여름 풍경 등 이 모든 것은 놀랍지 않다.

우주를 지배하는 원리가 있다.

모든 것은 필연적으로 아름다워야 한다.

자연 속 필연은 혼란 속에서도 조화와 기쁨을 보여준다.

그러나 무작위로 아름다움을 찾으려는 것은 어리석다.

아름다운 필연 앞에 제단을 세우라.

정해진 위험은 피할 수 없고, 정해지지 않은 위험은 만날 수 없다.

세상에 우연한 일은 없으며, 우주의 법칙은 존재의 모든 단계에서 지배한다.

자연은 철학과 신학이 결합된 체계이며, 우리는 자연의 원소로 이루어진 존재다.

이 필연을 받아들일 때, 인간은 용감해지고 삶의 질서 속에서 자신을 온전히 발견할 수 있다.

"자신의 직관과 판단을 믿는 것이
과학적 발견의 시작이다."
— 알버트 아인슈타인

"당신이 자신을 믿을 때
당신은 다른 사람을 넘어설 수 있다."
— 엘리너 루즈벨트

PART 3

개혁하는 인간

오랜 악습

우리가 사는 사회에는 여전히 오래된 악습이 남아 있다.

새로운 아이디어는 빠르게 퍼지지만, 낡은 제도와 관행은 사람들의 발목을 붙잡는다.

그러나 아무리 단단해 보이는 것도 결국은 흔들린다.

"세상의 거대한 벽도 새로운 생각 앞에서는 무너진다."

젊은이는 사회에 들어서면서 벽을 마주한다.

돈이 되는 자리는 부정과 타협으로 둘러싸여 있고, 정직한 길을 가려면 더 많은 힘을 쓸 수밖에 없다.

그러다 보면 처음 품었던 빛나는 꿈을 잃고, 어쩔 수 없이 비굴한 습관을 배우게 된다.

"악습에 적응하는 순간, 우리는 스스로를 잃는다."

깨어 있는 선택이 필요하다

사회의 부정은 특정 계층만의 문제가 아니다.

움켜쥐고, 나누고, 소비하는 일에 우리 모두가 관여하고 있기 때문이다.

문제는 아무도 스스로 책임이 있다고 생각하지 않는다는 것.

"나는 그저 밥벌이할 뿐"이라고 말하며 물러선다.

그러나 이것이야말로 악습이다.

책임을 외면하는 순간, 스스로를 조각난 인간으로 만든다.

정직하고 순수하게 살려는 사람은 이 부정한 관행 속에서 숨 막힘을 느끼고 물러나기도 한다.

사회의 악습은 상거래를 넘어 직업, 법, 관습까지 깊이 스며들어 있다. 타협하지 않으면 살아가기 어려운 구조가 된 것이다.

"타협은 편리하지만, 결국 양심을 잠식한다."

사랑과 관대함은 배제되고, 남보다 더 많이 차지하려는 욕망만 강화된다. 이렇게 연결된 죄악의 그물 속에서 우리는 모두 어떤 방식으로든 얽혀 있다.

"악습의 덩굴에서 벗어나는 길은 각자의 깨어 있는 선택뿐이다."

신체 노동의 중요성

신체 노동은 도피가 아니라 회복이다.

과거 세대의 더러운 부를 아무리 돌려받아도, 때로는 포기하고 땅에서 직접 손으로 일하는 쪽으로 돌아서는 것이 더 고상한 선택일 수 있다.

그렇다고 지금 모든 사람이 자급자족을 해야 한다는 게 아니라, 자기 손으로 만들고 돌볼 줄 아는 능력이야말로 불안과 타협을 줄이는 힘이라는 말이다.

"손으로 만드는 삶은 마음의 평온을 되찾는다."

사치와 편의는 편리하지만, 그것만으로 사람은 강해지지 않는다.

재산을 물려받는다고 해서 그 재산을 다루는 지혜까지 함께 받는 것은 아니기 때문이다.

기술과 경험을 전수받지 못한 상속자는 재산의 주인이 아니라 그에 얽매이는 감시자가 될뿐이다.

사랑을 실천하고, 친구를 돕고 지식을 넓히는 본래의 목적은 흐려진다.

진정한 부는 소유물이 아니라, 그것을 만들고 지키는 능력에서 온다.

불편함을 감수할 용기, 손으로 일하는 존엄을 회복할 때 우리 삶은 더 단단해진다.

"기술은 자유를 낳고, 노동은 존엄을 회복시킨다."

"수고는 우리를 강하게 만들고,

게으름은 우리를 썩게 만든다."

— 세네카

"노동은 인간의 삶을 지탱하는 것이며,

그 자체로 인간을 고귀하게 만든다."

— 알버트 아인슈타인

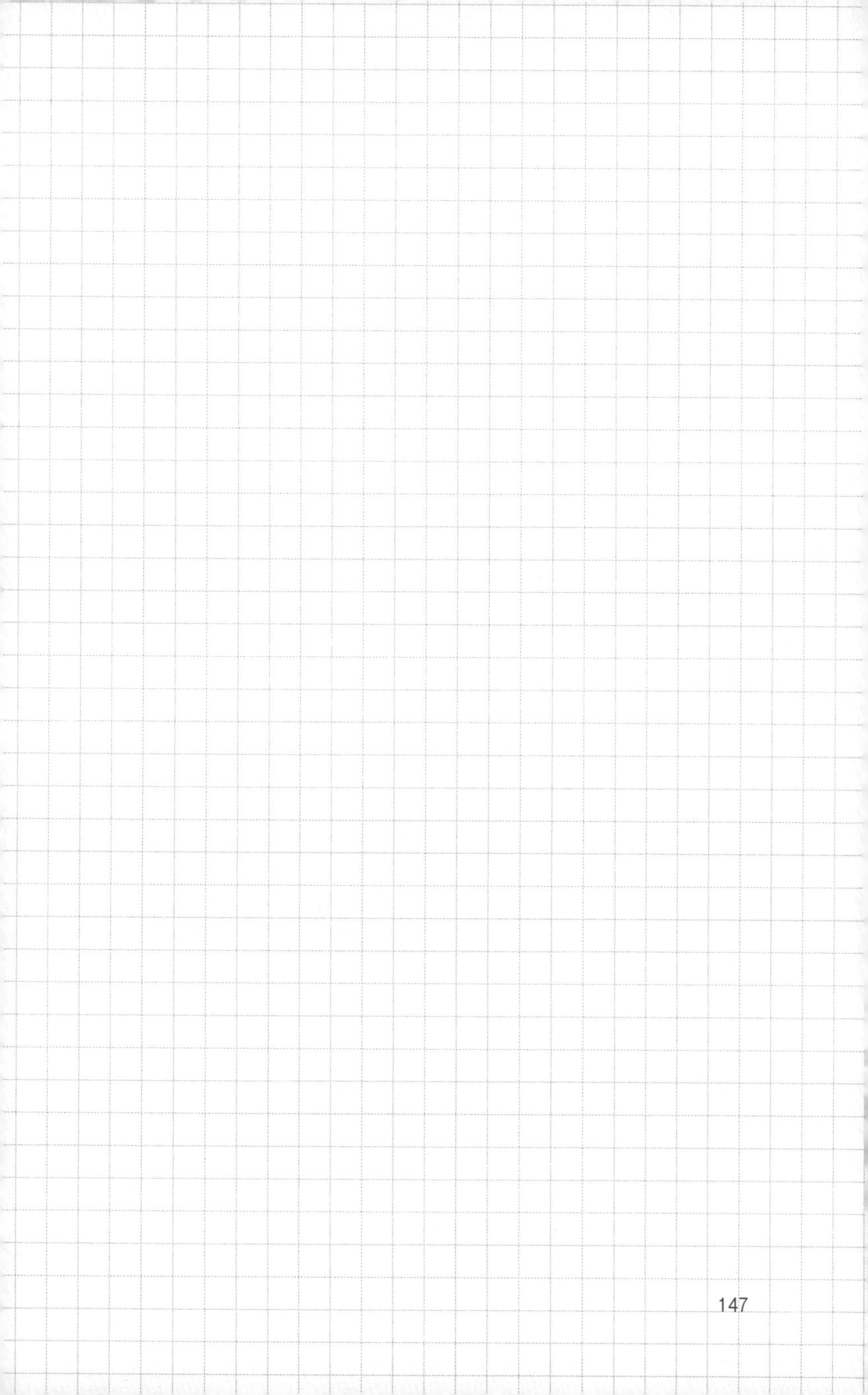

노동은 하느님의 교육

노동은 단순히 생계를 위한 수단이 아니다.

그것은 하느님이 주신 교육의 방식이다.

누구나 땅과 자연과 직접 관계를 맺어야 하고, 그 과정을 통해 배우고 단단해진다.

주머니에 돈이 있다고 해서, 또는 편리한 환경에 있다고 해서 이 책임에서 벗어날 수는 없다.

"노동은 인간을 훈련시키는 가장 오래된 교과서다."

물론, 모든 사람이 농부나 대장장이가 될 필요는 없다.

시인, 학자, 사제에게는 사색과 창조의 시간이 필요하다.

그러나 그들도 땅을 밟고, 손으로 무언가를 하는 경험을 통해 삶의 리듬을 배워야 한다.

이 균형이 무너지면 글은 유약해지고, 철학은 현실과 멀어진다.

"생각만으로는 성장이 멈춘다. 손이 움직일 때, 마음도 살아난다."

노동을 통해 얻은 힘과 진실만이 인간을 삶의 주인으로 세운다.

일하지 않을 때 주어지는 것

노동을 멀리한 대가를 우주는 반드시 청구한다.

시와 예술, 명상에 깊이 끌려 농사나 생업을 소홀히 한다면, 그만큼의 고행과 절제를 스스로 받아들여야 한다.

"특혜에는 반드시 세금이 따른다."

편안한 생활을 포기하고 작은 방에서, 소박한 음식과 단순한 삶에 만족하는 태도가 필요하다.

천재에게는 창조의 은총이 주어졌지만, 동시에 사치와 안락을 포기해야 하는 비극도 주어진다.

우리는 왜 부를 좇고, 화려한 집과 옷, 관계를 갈망할까?

단지 내면의 이미지가 빈곤하기 때문이다. 마음에 새로운 그림을 심어주면, 작은 정원이나 다락방에서도 풍요를 누릴 수 있다.

"진정한 부는 소유가 아니라 상상에서 온다."

그러나 우리는 종종 생각보다 돈을 먼저 좇는다.

그 결과 친구를 맞이할 때도 소심해지고, 집의 남루함을 감추기 위해 빚을 내 치장한다.

하지만 검소함이 신성한 목적과 연결될 때, 그것은 더 이상 가난이 아니라 영적인 힘이 된다.

소박한 식사도 마음의 평화와 지혜가 함께한다면, 그것은 신과 영웅의 잔치가 된다.

"검소함은 가난이 아니라, 자유를 위한 선택이다."

우주는 결핍을 허락하지 않는다는 것을 잊지 말자.

일하지 않으면, 그 빈자리는 손실로 채워진다.

"게으름은 모든 악의 부모요,

근면은 모든 덕의 어머니이다."

— 벤저민 프랭클린

"게으름은 천천히 죽음을 가져오며,

일은 생명을 새롭게 한다."

— 괴테

우주는 늘 움직이는 쪽의 편에 서 있다.

오늘을 정직하게 땀 흘려
살아야 하는 이유

자신을 돕는 힘을 키우는 것이 진정한 성장의 시작이다.

우리는 흔히 누군가가 다가와 나를 구해주기를 기다린다.

하지만 그런 마음은 끝없는 결핍과 불평을 낳을 뿐이다.

화려한 집과 값비싼 물건, 온갖 오락거리가 없으면 불행한 것처럼 느껴지지만, 사실 그것들 없이도 충분히 잘 살 수 있다.

"스스로를 돕는 힘이야말로 가장 우아한 힘이다."

남에게 의존하지 않고 내 필요를 스스로 채우는 삶, 그것이 진짜 품위 있는 삶이다.

남이 나를 대접하기를 기다리기보다, 내가 가진 것을 나눌 수 있다면 그 자체가 세련이다.

"남에게 기대는 삶보다 스스로 서는 삶이 더 아름답다."

물론 완벽하게 세상과 단절할 수는 없다.

그러나 우리는 매일 스스로에게 물어야 한다.

"나는 오늘 정직하게 땀 흘려 나의 몫을 다했는가?"

세상을 움직이는 힘

원칙과 열망은 세상을 움직이는 힘이다.

믿음 있는 사람들은 천상의 사회가 이미 존재한다고 믿는다.

그들은 정치나 물질이 아니라 원칙의 힘으로 변화를 만든다.

그런 사람들이 함께 세상을 세운다.

역사 속 위대한 순간은 열망과 절제에서 비롯된다.

마호메트 이후 아랍인들은 작은 사회에서 시작했지만, 믿음을 지키며 넓은 땅을 개척했다.

그들은 보리 빵과 물로 배를 채우며, 술과 사치품 없이도 세계를 정복했다.

우리에게도 그런 아침이 올 수 있다.

사랑과 자비는 모든 악을 치유하는 힘이며, 세상의 불신과 이기심을 넘어선 길이다.

"사랑하는 사람이 되어야 불가능한 것도 가능해진다."

오늘 우리는 타인의 재능과 행운을 존중하고, 공동선을 위해 행동해야 한다.

그렇지 않으면 부와 권력은 독이 되어 관계와 사회를 해치는 독
이 된다.

원칙과 열망으로 살아가는 삶만이 진정한 힘과 변화를 가져온다.

"항상 불가능해 보이지만,

결국 해내는 것이 인생이다."

— 넬슨 만델라

"한 사람이 자신의 진실을 끝까지 지켜낼 때,

세상은 조금 움직인다."

— 알베르 카뮈

사랑은 세상을 개혁하는 힘

우리의 애정이 이웃과 동료들에게 흘러갈 때, 단 하루만으로도 가장 위대한 혁명을 이룰 수 있다.

법과 제도는 바람보다 태양이 만든 질서 위에서 작동해야 한다.

국가는 가난한 사람을 배려하고, 모든 아이가 스스로 돈을 벌 수 있을 때까지 공정한 기회를 보장해야 한다.

재산법 역시 가난한 이를 짓누르는 대신, 부자가 양보하는 데서 시작해야 한다.

사랑은 헛된 외교와 무력으로는 닿지 못하는 곳까지 깊이 침투한다.

마치 부드러운 버섯이 서리 내린 땅을 뚫고 올라오듯, 친절과 사랑은 단단한 사회의 장벽을 뚫고 변화를 일으킨다.

역사 속 탁월한 사례들이 이를 증명한다.

결국 모든 사람이 사랑하는 사람이 되는 날, 모든 재앙과 불평등은 따뜻한 햇볕 속에서 녹아 사라질 것이다.

희생이 필요한 이유

정신적 세계와 현실적 세계 사이에서 중재하려는 사람은 신중함과 절제, 그리고 한결같은 미덕을 지녀야 한다.

진정으로 선한 사람은 순간적인 즐거움이나 충동에 흔들리지 않는다.

힘과 기량을 균형 있게 분배하며 지속적으로 영향을 미친다.

위대한 사람은 현재의 재능과 즉각적인 성공을 뒤로 미루고, 장기적인 정신적 성장과 인품을 위해 희생한다.

권력, 명예, 물질적 보상마저 내려놓으며, 정신적 합일과 인류를 위한 삶을 선택한다.

이런 희생은 결코 헛되지 않다.

그것은 씨앗을 땅에 심듯, 지금의 소유와 힘을 더 큰 선과 인류를 위한 기회로 전환시키는 과정이다.

우리가 내딛는 모든 희생은 더 큰 명예와 힘, 그리고 삶의 향기로 돌아온다.

"자신을 신뢰하는 것이
가장 큰 힘이다."
— 마하트마 간디

"운명은 준비된 자에게
미소 짓는다."
— 루이스 파스퇴르

PART 4

인간관계

사랑이란

사랑은 영혼의 약속이 현실로 이어지는 기적이다.
그 약속을 실천할 때, 우리는 다시 살아 있음을 느낀다.
자연이 멈추지 않듯, 사랑도 멈추지 않는다.
그 안에는 이미 모든 선의와 희망이 담겨 있다.

사랑은 두 사람의 다정한 관계에서 시작되지만,
결국 인류 전체로 번지는 불꽃이다.
그 불씨는 한 인간의 마음을 사로잡고,
몸과 영혼에 혁명을 일으킨다.
사랑은 감각을 깨우고, 상상을 펼치게 한다.
우리 안의 가장 고귀한 부분을 불러낸다.

젊음은 사랑의 언어를 본능적으로 안다.
그러나 사랑은 나이 들었다고 사라지지 않는다.
진짜 사랑은 우리의 시간을 멈추게 하고, 늙지 않게 한다.
시간이 흘러도, 그 불씨는 더 깊어진다.

사랑은 개인의 마음에서 시작되어
세상을 따뜻하게 비추는 빛이 된다.

사랑을 어떤 시기에 말하든 중요하지 않다.

젊을 땐 열정으로, 나이 들어선 통찰로 피어날 뿐이다.

사랑을 말하려면 사실보다 마음을 봐야 한다.

희망의 눈으로 볼 때, 모든 사랑은 여전히 아름답다.

사랑을 겪은 사람이라면 안다.

그 달콤함이 왜 늘 쓰라린 추억으로 남는지.

그럼에도 불구하고,

사랑은 여전히 인간이 경험할 수 있는 가장 완전한 기쁨이다.

누군가를 사랑한다는 것

사람의 마음은 결국 사람을 향한다.

우리는 경제보다 감정에, 뉴스보다 관계에 더 깊이 끌린다.

사랑은 언제나 우리의 대화 중심에 있다.

도서관에서 사람들이 가장 많이 빌리는 책이 사랑 이야기인 이유도 같다.

진실되고 자연스러운 사랑 이야기를 만날 때, 우리는 주인공의 감정에 자신을 투영하고, 그들의 행복을 마치 내 일처럼 바라본다.

"인간은 누군가를 사랑하는 사람에게 끌린다."

다정함과 친절은 언제나 가장 아름다운 풍경이다.

사랑은 인간이 거칠음에서 벗어나 품격 있는 존재로 성장하는 첫 번째 배움이다.

한 소년이 있었다.

늘 여자아이들을 놀리며 장난치던 그는, 어느 날 한 소녀가 가방을 싸는 모습을 보고 문득 멈춰 선다.

그 순간, 그녀는 더 이상 장난의 대상이 아니라, 쉽게 다가갈 수 없는 존재로 느껴진다.

소년은 처음으로 조심스러움이라는 감정을 배운다.

사랑은 그렇게 우리를 단단하게도, 또는 부드럽게도 만든다.

시골 마을의 가게 안, 소녀들이 실타래 하나를 고르며 소년과 웃음을 나눈다.

그 짧은 대화 속엔 꾸밈도 계산도 없다.

그들은 서로의 다정함에 이끌리고, 그렇게 신뢰가 자란다.

사랑은 거창한 고백이 아니라, 따뜻한 일상의 반복이다.

작은 호의, 한마디의 다정함, 조용한 배려 속에서 사람은 사랑을 배우고 성장한다.

잊을 수 없는 순간

공적인 자리에서, 나는 지성을 존중한다는 이유로 감정이 메마르다는 오해를 받은 적이 있다.

그 말이 얼마나 억울했던지, 지금도 그날을 떠올리면 가슴이 뛴다.

사람은 사랑으로 만들어진 존재다.
아무리 냉철한 철학자라도
사랑 앞에서는 결국 인간이 된다.
사랑을 부정하는 말은
자연에 대한 반역이다.

젊은 시절의 사랑은 하늘에서 내려온 열정 같다.
그 어떤 이성도, 분석도, 비교도 이길 수 없는 아름다움.
그 황홀함은 30세 이후에 다시는 볼 수 없을지 몰라도,
그 기억은 평생의 빛으로 남는다.

사랑은 사소한 순간에도 마법을 부여한다.
그때의 웃음, 그날의 향기,
그가 부른 한마디 말이 인생의 한 페이지가 된다.

그 사람을 생각하면

온 세상이 그 사람으로 가득 찬다.

그가 떠나면 세상은

그에 대한 기억으로 채워진다.

사랑은 한 장의 추억이 아니라,

시간 속에서 계속 피어나는 기억의 향기다.

"그대는 떠났으나 떠난 것이 아니라네.

그대가 어디에 있든,

그 안에 그대의 눈길과 사랑을 남겨두었으니."

― 존 던

사랑은 떠나지 않는다.

그저 형태를 바꿔, 기억 속에서 다시 살아날 뿐.

사랑의 고통과 쾌락

"사랑의 고통에 비할 만한 쾌락은 없다."

사랑할 때, 낮은 충분히 길지 않고

밤조차 회상과 설렘으로 가득 찬다.

머리맡에서 떠오르는 작은 친절 하나가

마음을 끓게 하고, 달빛은 황홀한 열정이 된다.

별빛은 편지가 되고, 꽃들은 비밀을 속삭인다.

공기는 노래가 되어 흘러간다.

세상 사람들은 배경일 뿐,

열정이 젊은이를 중심으로 세상을 다시 만든다.

나뭇가지의 새, 흔들리는 풀잎, 꽃들마저

그의 마음을 향해 노래한다.

사랑은 자연을 깨어나게 하고, 우리를 새롭게 만든다.

초록빛 고독 속에서, 그는 인간보다 더 친근한 안식처를 찾는다.

한밤의 숲, 박쥐와 올빼미만 남은 고요 속

달빛과 스치는 바람, 작은 신음까지

모든 것이 사랑의 울림으로 느껴진다.

그는 자연 속에서 스스로를 발견한다.
풀과 나무에 말을 걸며, 시냇물과 대화하고
사랑이 준 열정으로 음악과 시를 사랑하게 된다.

사랑은 인간을 확장시킨다.
겁쟁이에게 용기를, 광대에게 품격을 준다.
그는 자신을 내어주지만, 더 많은 것을 얻는다.
사랑하는 대상은 세상을 풍요롭게 한다.

그녀는 그의 삶을 우주적 의미로 확장시키고,
모든 선택과 덕목의 상징이 된다.
사랑은 한 사람의 존재만으로 세상을 아름답게 한다.

여름날의 저녁, 다이아몬드 같은 아침,
무지개와 새들의 노래가 그녀를 닮는다.

사랑의 확장

"내가 그대를 사랑한다고 해도,
그것이 그대에게 무슨 의미가 있을까?"

사랑하는 이는 우리의 의지를 넘어선 존재다.
그 사람 자체가 아니라, 그 안의 광채를 사랑하는 것이다.
우리는 그 속을 완전히 알 수 없다.

고대 작가들은 아름다움을 고상한 철학으로 설명했다.
육체를 입은 영혼은 원래 속했던 세계를 떠돌지만,
햇빛 아래 현실의 그림자만을 보게 된다.
신은 젊음과 아름다움을 영혼 앞에 보내
육체를 천상의 아름다움을 떠올리는 도구로 삼았다.

한 남자가 여성을 바라보며 기쁨을 느끼는 이유는
그 아름다움 속에 담긴 진실과 원인을 암시하기 때문이다.
육체적 만족에만 집착하면, 얻는 것은 슬픔뿐이다.
그러나 영혼이 아름다움의 비전을 받아들이면
연인은 서로를 바라보며 존중하게 된다.

사랑의 불길은 점점 거세지고,

태양빛처럼 천박한 감정을 무색하게 만든다.

연인은 순결하고 신성하며, 탁월하고 겸손하고 정의롭다.

그들은 이런 고귀함을 더 뜨겁게 사랑하고, 더 깊이 이해한다.

사랑은 한 인간에서 모든 인간으로 확장된다.

한 영혼의 아름다움이,

진실하고 순수한 영혼 공동체로 들어가는 문이 된다.

연인은 서로의 결점을 기꺼이 보고,

그 결점을 지적하고 고칠 수 있도록 도와준다.

그리고 다른 영혼 속에서도 신성한 아름다움을 발견한다.

사랑을 통해 그들은 창조된 영혼들의 사다리를 오르며

가장 높은 위치,

신에 대한 사랑과 지식에 닿는다.

사랑은 단순한 감정이 아니다.

한 사람을 넘어 세상과 영혼을 확장하는 힘이다.

비록 우리의 사랑이 찰나일지라도

세상은 계속 굴러가고, 상황은 시시각각 변한다.
우리 몸이라는 신전에 사는 천사들이 창문을 통해 나타난다.
땅속 요정과 악덕도 스쳐 지나간다.

모든 미덕은 서로를 만나 결합하고,
악덕은 스스로 드러내며 사라진다.
한때 불타던 관심은 차분해지고,
강렬함은 줄어드는 대신 이해의 폭이 넓어진다.

그들은 서로 불평 없이 각자의 임무를 수행한다.
서로에게서 눈을 떼고,
상대가 곁에 있든 없든 자유롭게 계획을 실행하도록 응원한다.
마법 같던 매력과 신성함은
마치 임시 설치물처럼 서서히 사라진다.

매년 지성과 감성을 함께 정화하는 것이 진정한 결혼이다.
40년, 50년을 함께 지내며 서로를 완전히 이해하는 것.
이것이 결혼의 목적이며, 처음부터 예견된 일이다.
우리는 성별과 편견에 치우치지 않는 사랑을 위해 훈련한다.

그 사랑은 덕과 지혜를 추구하며, 서로를 성장시키는 것이 목표다.

애정은 때때로 한 사람의 행복을 지배하기도 한다.

그러나 정신이 건강을 되찾으면,

변치 않는 별빛 같은 사랑이 하늘을 채운다.

따뜻한 사랑과 두려움은

한계를 넘어 신과 하나가 되며 완전해진다.

우리의 영혼은 진보하며, 잃을 것을 두려워하지 않는다.

이 아름다운 관계들은

더 아름다운 것으로 계승되며 영원히 이어진다.

"사랑은 눈에 보이는 않는 힘으로
세상을 움직인다."
— 랠프 월도 에머슨

순수한 선의의 즐거움

우리는 말로 표현되지 않은 친절한 마음을 지녔다.
동풍처럼 세상을 차갑게 만드는 이기심에도 불구하고,
전 인류는 순수한 에테르 같은 사랑에 휩싸여 있다.

마주치지만 대화를 거의 나누지 않는 사람들 사이에도
서로 존경하는 마음이 존재한다.
교회 옆자리에 앉은 이들과, 거리에서 스치는 눈빛 속에도
조용하지만 확실한 즐거움이 흐른다.

"마음이 알고 있는 것, 눈빛이 말한다."
타인을 향한 자비와 위안의 감정은 불의 물리적 효과와
맞먹는 강렬함으로 기운을 북돋운다.

가장 열정적인 사랑에서 가장 작은 선의까지,
모든 애정은 삶을 달콤하게 만든다.
지적이고 활동적인 능력은 애정과 함께 커진다.
오랫동안 사색한 학자조차 글을 쓸 때
만족스러운 표현이 떠오르지 않지만,
친구에게 편지를 쓸 때는 자연스럽게 단어가 흐른다.

상대방을 기다릴 때, 집안은 기대와 긴장으로 가득 찬다.
구석구석 먼지를 털고 물건을 정리하며 새 옷을 입는다.

가능하다면 저녁 식사도 준비한다.
상대방의 좋은 점만 상상하며 마음을 쏟는 순간,
대화와 행동에 설렘과 긴장이 섞인다.
말은 더 잘하게 되며 재치와 기억력이 빛을 발한다.

은밀한 경험에서 비롯한 풍부한 대화가 오랜 시간 이어진다.
곁에 있는 가족과 지인은 평소와 다른 우리의 능력에 놀란다.
하지만 낯선 이가 편견과 결점을 드러내면, 대화는 끝난다.
그는 더 이상 설렘의 대상이 아니며,
영혼의 교감도 사라진다.

그럼에도 불구하고, 하나의 생각과 감정 안에서 이루어지는
두 사람의 공평하고 변치 않는 만남만큼 기분 좋은 일도 없다.
두근거리는 마음, 진실한 발걸음, 재능과 순수함의 빛나는 모습
모두가 지구를 바꾼다.
겨울과 밤, 비극과 권태, 심지어 의무마저 사라진다.
오직 사랑하는 이들의 빛나는 모습만이 영원히 남는다.
영혼이 우주 어딘가에서 친구와 다시 만나리라는 확신.
그 순간, 혼자서도 천 년을 만족하며 즐거우리라.

"우정은 돈보다 귀하다.

돈은 잃으면 다시 벌 수 있지만,

친구는 다시 만들 수 없다."

— 조지 허버트

"참된 우정은 거리가 아니라

마음으로 이어진다."

— 루이자 메이 올컷

내 인생의 가장 큰 선물

오늘 아침, 나는 친구들에게 감사하며 눈을 떴다.

매일 내 곁에 있는 당신들은 선물과 같다.

사회와 고독을 비판하지만, 나는 은혜를 모르는 사람이 아니다.

나를 들어주고 이해해주는 이들은 나의 벗이 된다.

"친구는 내 마음속 가장 깊은 선물이다."

풍요로운 자연은 여러 차례 이 기쁨을 주었다.

우리는 새로운 관계의 그물을 짜며,

언젠가 창조한 세상 속 존재가 될 것이다.

나의 친구들은 내가 부르지 않아도 내게 왔다.

신이 보내고, 덕과 친화력이 발견하게 만든 존재들이다.

세상을 새롭게 하고 내 생각에 깊이를 준 당신들에게 감사한다.

우리의 관계가 일부 사라질지라도 두렵지 않다.

순수한 친밀감 위에 세워졌기 때문이다.

"친밀함이 깊어질수록 삶은 풍요로워진다."

믿기 힘들 정도로 완벽한 그 이름

우리는 종종 친구의 선함을 과대평가한다.
그의 본성은 더 고결해 보이고, 유혹에도 덜 흔들릴 것 같다.
그의 이름, 말, 존재 하나하나가 상상 속에서 더 빛난다.
그의 입을 통해 들으면, 내 생각조차 새롭게 들린다.

심장의 리듬이 사랑의 밀물과 썰물이라면,
우정은 영혼의 불멸처럼 믿기 힘든 완벽함이다.
우리는 스스로 만든 신화를 숭배한다.
그러나 영혼은 자기 자신을 존중하는 만큼만 타인을 존중한다.

모든 사람은 본질적으로 멀리 떨어져 있다.
그럼에도 두려워하지 말자.
진실은 외형만큼이나 아름답지만,
그것을 보려면 단지 더 깊이 들여다볼 용기가 필요하다.

기분 좋은 환상 속에서도 진심을 드러낼 용기,
그것이 관계의 본질이다.
나는 당신의 부유함이 아니라,
나의 부족함으로 당신을 이해한다.

눈부신 건 오직 별뿐,

다른 모든 빛은 그저 반사된 희미한 광채일 뿐이다.

오, 친구여,

그대는 진리가 아니지만, 나의 영혼이 비추는 형상이다.

나무가 새잎을 내고 낡은 잎을 떨구듯,

영혼은 친구를 보내고 또 맞이한다.

고독과 만남은 서로의 거울이다.

그 둘이 반복될 때, 우리는 비로소 성장한다.

천천히 익어가는 관계

사람은 누구나 우정을 원한다.
솔직한 마음으로 친구에게 편지를 쓸 수 있다면,
이렇게 적을 것이다.

친애하는 벗에게,
당신과 당신의 능력을 충분히 안다고,
우리의 감정이 같다고 확신한다면,
저는 작은 행동에도 흔들리지 않을 겁니다.
하지만 당신의 비범함은 아직 완전히 헤아릴 수 없기에,
여전히 당신은 내게 달콤한 고통입니다.
— 영원한 당신의 벗 혹은 영원한 타인

하지만 이런 달콤한 고통에만 머물러선 안 된다.
우정은 성긴 그물이 아니라, 단단한 마음으로 짜야 한다.
감각적 만족 대신, 천천히 익어가는 진정한 관계를 기다려라.

많은 만남은 방어심과 적대감 속에서 시작되고,
아름다운 본성과 향기를 잃기 쉽다.
타협만 이어진 교제에서 진정한 기쁨은 발휘되지 않는다.

모든 관계는 동등해야 한다.

하나라도 불평등하다면,

그 모든 친구와 기쁨은 부끄럽고 비겁하게 느껴진다.

불평등은 우정의 즐거움을 무색하게 만든다.

전투의 영웅도 단 한 번의 패배로 명예를 잃듯,

우정에서 불평등은 모든 성취를 지워버린다.

"인생의 가장 큰 행복은

우리가 사랑받고 있다는 확신,

바로 그 우정 속에 있다."

— 빅토르 위고

우정의 두 가지 요소

우정을 이루는 두 가지 요소가 있는데, 어느 하나도 빼놓을 수 없다.

하나는 진솔함이다.

친구란 내가 가식 없이 마음을 열 수 있는 사람이다.

속마음을 털어놓고, 망설임 없이, 단순함과 온전함으로 마주할 수 있는 존재.

진솔함은 왕관과 권위처럼, 누구에게나 허락되지 않는 사치다.

사람은 혼자일 때 진솔하지만, 타인이 등장하면 위선이 시작된다.

칭찬과 잡담, 오락으로 스스로를 방어하며, 수백 겹의 가면 뒤에 숨는다.

그러나 진정한 친구에게 거짓이 통하지 않는다.

그와 함께라면 자연과 시, 진리에 대해 솔직히 말할 수밖에 없다.

거짓이 만연한 시대, 진솔한 관계를 맺을 수 있다면, 그것만으로도 충분히 가치 있다.

또 다른 요소는 다정함이다.

우리는 수많은 조건과 상황으로 연결되어 있지만, 누군가 내게 사랑으로 다가올 만큼 순수하고 축복받은 성품을 갖추었다고 믿

기 어렵다.

그럼에도 한 사람이 내게 소중하다면, 나는 큰 행운을 거머쥔 것이다.

친구란 나의 재주가 아니라 마음을 움직이는 사람이다.

조건 없이 기쁨을 주고, 나를 진정 이해하며, 나와 같은 인간성을 나누는 존재.

홀로 있을 때 나는 자신과 닮은 존재를 찾지 못하지만, 친구를 만나면 자연이 만든 최고의 걸작을 보는 듯한 기쁨을 느낀다.

우정을 실천하려면 현실적이어야 한다.

아름다운 이상만을 좇으면, 사랑과 우정은 공허해진다.

선물이나 도움 같은 행위 뒤에 숨은 속셈을 배제하고, 정직, 충성, 연민, 시간 엄수 같은 덕목으로 관계를 구체화할 때, 우정은 진정한 가치로 빛난다.

우정의 완성

우정은 유행어처럼 세속적 동맹으로 변질되어서는 안 된다.

화려한 식사나 사교적 과시는 중요하지 않다.

농부와 행상인의 단순한 어울림이야말로 진정한 우정이다.

우정의 목표는 가장 소박하면서도 엄격하다.

삶과 죽음, 평화와 고난, 실패와 가난 속에서도 서로를 돕고 위로할 수 있어야 한다.

번뜩이는 재치, 몰입의 순간, 일상의 필요와 역할까지 공유하며, 용기와 지혜, 통일성을 더해 삶을 아름답게 만드는 것, 그것이 진짜 우정이다.

깊은 우정은 일대일의 대화 속에서 완성된다.

두 사람이 나누는 진심 어린 대화는 셋이 모이면 불가능해진다.

좋은 사람들과 함께 있어도, 여러 의식과 사회적 기대가 겹치면 단둘이 있을 때의 솔직함과 자유를 잃게 된다.

개인의 생각을 공통된 주제에 맞춰야 하기 때문이다.

그런 자리는 두 영혼이 하나로 합쳐지는 절대적 자유를 방해한다.

"친구란 당신이 고통 속에 있을 때,
말없이 함께 있어줄 수 있는 사람이다."
— 아르투어 쇼펜하우어

자신을 믿으세요.
그러면 모든 것이 가능해집니다!

"스스로를 신뢰하라.
모든 마음의 원천은 자신에게 있다."
— 랠프 월도 에머슨

마지막까지 스스로를 믿기 위해 이 책을 필사한 당신께 축하의 박수를 보냅니다.

자기 신뢰는 단순히 성공을 위한 도구가 아니라, 스스로의 삶을 온전히 살아가는 방식이기도 합니다. "모든 마음의 원천은 자신에게 있다"라고 에머슨이 말했듯, 외부에서 답을 찾기보다, 자신의 내면을 믿고 행동할 때, 불확실한 세상 속에서도 흔들리지 않고 진정한 자유와 창조성을 경험하게 된다는 뜻입니다.

이 책을 마무리하며 전하고 싶은 말은 사실 단 하나였습니다. "스스로를 믿으세요. 작은 생각이라도, 세상에 드러내는 용기를 가지세요. 당신 안의 빛이야말로 세상을 바꿀 씨앗입니다!"

　자신을 믿는 순간, 가능성의 문은 열리고, 당신의 삶은 한층 더 풍요롭고 의미 있게 변할 것입니다.

　당신은 성공할 것이고, 오늘부터 더욱더 행복한 삶을 살아갈 것입니다!

지선

편저자 **지선**

오랫동안 번역을 하며 강사로도 활동했다. 현재는 출판기획자로 좋은 책을 만들려고 부단히 노력하고 있다. 옮긴 책으로는 《바라는 대로 이루어지는 삶의 법칙》, 《바라는 대로 이루어지는 부의 법칙》, 《괜찮지 않은데 괜찮다고 말하는 나에게 》등 다수가 있다.

흔들려도 나를 믿는 연습

초판 1쇄 발행 2026년 1월 7일

지은이 랠프 월도 에머슨
편저자 지선
발행처 이너북
발행인 이선이

편 집 심미정
디자인 이유진
마케팅 김 집, 송희준

등 록 2004년 4월 26일 제2004-000100호
주 소 서울특별시 마포구 백범로 13 신촌르메이에르타운 II 305-2호 (노고산동)
전 화 02-323-9477 | **팩스** 02-323-2074
E-mail innerbook@naver.com
블로그 blog.naver.com/innerbook
페이스북 @innerbook
인스타그램 @innerbook_

ⓒ 랠프 월도 에머슨, 2026

ISBN 979-11-94697-26-8 (04320)
ISBN 979-11-88414-92-5 (세트)

이너북은 독자 여러분의 소중한 원고 투고를 기다리고 있습니다.
원고가 있으신 분은 innerbook@naver.com으로 보내주세요.